Filosofia para crianças

De criança para crianças

Era uma vez!

O cachorrinho que virou gatinho!

História para colorir!

Por: Bernardo Octaviano Pereira

Este livro pertence a:

____

Eu dedico essa obra, primeiramente para os meus pais que eu tanto amo, para minhas professoras, para minhas tias de coração e para todos os meus amigos, Deus que abençoe a todos infinitamente!

Bernardo Octaviano Pereira

16/03/2024

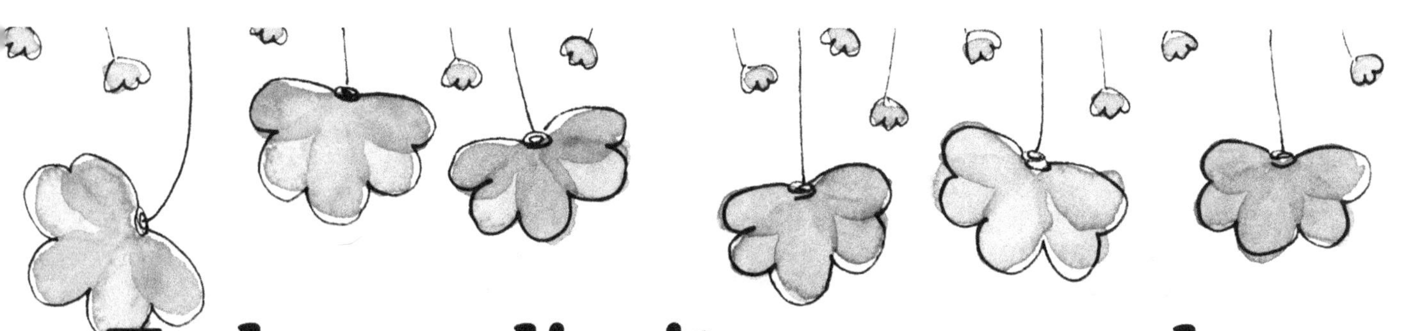

Era uma vez, em um lugar não muito distante daqui, uma cachorra deu cria a vários cachorrinhos fofinhos e lindinhos, e perto dali uma gatinha também teve vários gatinhos adoráveis e peludinhos;

E um dia o cachorrinho se afastou de sua mamãe e se perdeu de sua família;

Mais com o passar do tempo a gatinha muito amorosa achou o cachorrinho chorando, e acolheu o cachorrinho em sua casa,

e o tempo foi passando, e o cachorrinho foi adotado e sendo criado como gatinhos, e sua mamãe gatinha tratava todos iguais; iguais;

O tempo foi passando e o cachorrinho foi aprendendo os costumes de um gatinho, como pular para traz, cair de costa e várias outras coisas de gato que seus irmãozinhos gatinhos ensinavam para ele;

Um dia eles estavam brincando na rua e passou a carrocinha e prendeu todos os gatinhos e o cachorrinho, levando todos presos e colocando todos em jaulas;

Mais um dos gatinhos conseguiu abrir a jaula e fugir, soltando os outros animaizinhos e correndo para o pátio,

onde era cercado por um muro enorme, onde os gatinhos pulando no muro e na arvore que estava perto do muro subiram com muito esforço;

Mais o cachorrinho não iria conseguir, era muito alto para ele, e os gatinhos gritavam de cima do muro; do alto eles encorajava o cachorrinho a fazer o mesmo, vem irmãozinho, pula na arvore depois no muro, você vai conseguir;

Mais o cachorrinho
com muito medo
não acreditava que
iria conseguir, foi
quando os guardas
correram com uma
rede nas mãos para
pegá-lo ele tomou
distância e deu um
pulo maior que já
tinha dado;

Agarrou na arvore e pulou no muro onde estava seus irmãozinhos esperando ele, pularão todos juntos para a liberdade.

O cachorrinho, ao acreditar em si mesmo e em seus irmãozinhos, superou suas dificuldades e, com o tempo, transformou-se em um gatinho. Essa história nos lembra que, com determinação e apoio,

podemos superar nossos medos e alcançar nossos objetivos. A autoconfiança e a colaboração nos capacitam. A nos transformarmos no que quisermos ser. Acreditar em nosso potencial é o primeiro passo para a superação.

O cachorrinho acreditou nele e nos irmãozinhos, e superou suas dificuldades se transformando em um gatinho e conseguiu fugir, podemos nos transformar no que quisermos, vamos acreditar no nosso potencial.

Vamos acreditar na gente, e sermos quem quisermos ser.

Fim!